PANÉGYRIQUE

DE

SAINT VINCENT DE PAUL

PANÉGYRIQUE

DE

SAINT VINCENT DE PAUL

PRÊCHÉ A ANGOULÊME

DANS L'ÉGLISE DE SAINT-ANDRÉ, LE 18 JUILLET 1869.

POUR LA FÊTE DE LA CONFÉRENCE D'ANGOULÊME

PAR

LE T. R. P. AMBROISE (DE BERGERAC)

CAPUCIN MISSIONNAIRE APOSTOLIQUE.

PARIS
IMPRIMERIE DE E. DONNAUD,
9, RUE CASSETTE, 9
1869

PANÉGYRIQUE

DE

SAINT VINCENT DE PAUL

Pertransiit benefaciendo et sanando omnes oppressos a diabolo, quoniam Deus erat cum illo. — Il est passé en faisant le bien et en guérissant tous ceux qui étaient tourmentés par le démon, parce que Dieu était avec lui...

Act. des Apôtres, ch. X, v. 38.

MESSIEURS,

C'est en parlant de Jésus-Christ aux Juifs étonnés des prodiges accomplis par ses disciples que le Prince des Apôtres, saint Pierre, tient ce langage inspiré. Pourquoi ne ferions-nous pas à Vincent de Paul, l'apôtre de la charité, l'application de ces paroles, puisque ses œuvres incomparables frappent de stupeur et d'étonnement respectueux les esprits les plus rebelles et les plus incrédules? Ne sont-elles pas, en effet, un argument palpable et convaincant de la divinité de notre sainte religion?

Rien ne nous concilie davantage l'amitié de Dieu, s'écrie saint Grégoire de Nazianze, que la charité, parce que c'est le propre de Dieu que la vérité et la miséricorde l'accompagnent et le précèdent en toutes ses œuvres (1).

O nom cher et sacré pour les âmes pieuses et sensibles, Vincent de Paul, tu fus au dix-septième siècle une des gloires les plus pures de notre belle Église de France, si riche et si justement fière des grandes vertus et des brillantes lumières qu'elle offrait alors à l'admiration de l'univers catholique! Tous les peuples ont redit tes vertus et célébré les grandes œuvres de ton incomparable charité. Vincent de Paul, tu fus le meilleur des hommes, et sans crainte je puis te montrer à nos ennemis et à nos frères comme un des plus parfaits disciples de notre très-doux et très-aimable Rédempteur.

N'en soyez pas surpris, Messieurs, puisque l'homme

---

(1) Nulla re omnino perinde ut misericordia Deus conciliatur quandoquidem nec aliud quidpiam Deo magis proprium est quippe quam misericordia et veritas præcedunt. — Greg. Nazianz., Oratio de paupertate.

n'a rien de plus divin que de bien mériter des autres. Soulagez les malheureux, soyez Dieu en imitant la miséricorde divine (1).

Oui, Messieurs, Vincent de Paul est l'apôtre et le héros de la charité chrétienne ; il a glorieusement triomphé de la souffrance, en même temps qu'il a victorieusement lutté contre la cause première de toutes les douleurs. Telles sont les pensées que je vais développer dans la suite de ce discours. *Ave, Maria.*

PREMIÈRE PARTIE.

Dès le jour où nos premiers parents ont été ignominieusement chassés de l'Éden terrestre, la souffrance est devenue le triste partage de l'homme ; et tous les siècles ont retenti de ses gémissements, de ses larmes, de ses sanglots. En expirant sur le Calvaire, au milieu des plus cruelles tortures, le Fils de l'homme a sanctifié et divinisé la douleur ; mais il n'en a pas tari la source.

Vincent de Paul, son fidèle serviteur, a marché sur ses traces ; il a triomphé de la souffrance, non pas dans le sens que l'entendent nos philanthropes humanitaires, en affranchissant l'humanité de toutes les misères physiques et morales, et en l'exonérant, comme ils le pré-

---

(1) Nihil tam divinum homo habet quam de aliis bene mereri. Fac calamitosæ, sis Deus, Dei misericordiam imitando. — Idem, ibidem.

tendent, des conséquences de l'arrêt porté par le Très-Haut contre l'homme coupable; mais en venant en aide à toutes les douleurs.

Il s'est fait le père des pauvres à Paris d'abord, puis partout où l'entraîna son zèle, partout où le conduisit l'esprit de Dieu. A Mâcon, les mendiants étaient nombreux; corrompus et méchants, ils inspiraient le dégoût et l'effroi : Vincent de Paul ne fait que se montrer au milieu d'eux, il les convertit, les ramène au bien, à l'amour du travail; et cette population énervée, abrutie par les privations et la paresse, redevient honnête, laborieuse et aisée.

Non content de prodiguer l'or et le pain aux déshérités de la fortune, Vincent de Paul institue, en beaucoup de villes, les dames de charité qu'il charge, au nom de Dieu, de veiller attentivement à ce que tous les pauvres soient abondamment pourvus de toutes les choses nécessaires à la vie. Œuvre admirable qui en associant les femmes du monde à la sollicitude de la Providence, les rend en quelque sorte les pourvoyeuses et les mères dévouées de tous les pauvres de Jésus-Christ. *Videant pauperes et lœtentur;* témoins de tant de merveilles et réconciliés avec la pauvreté, les indigents se sont abandonnés aux doux transports d'une joie toute céleste.

Pendant que la guerre désole la Lorraine et lui fait éprouver toutes les horreurs de la faim et de la soif, à l'égal de tout ce qu'eurent à souffrir les habitants de la cité déicide pendant le siége de Jérusalem, Vincent de Paul se fait le père nourricier des pauvres habitants des villes et des campagnes. « Nous vivons dans un temps de pénitence, s'écrie l'illustre serviteur de Dieu, le Seigneur visite son peuple, et c'est à nous, ses indignes ministres, de pleurer, sur les marches de l'autel, les fautes du peuple. Mais ce n'est pas tout, il faut que nous nous refusions une partie de notre nourriture pour alléger la pauvreté générale. »

C'est à ses vénérables auxiliaires et non aux riches du monde que Vincent de Paul tient ce langage : et cependant, depuis plusieurs années déjà, sa communauté avait retranché à sa table, bien que fort simple et frugale à l'extrême. Puis lorsqu'éclatèrent sur les nations de l'Europe occidentale ces redoutables fléaux, la famine et la guerre, les Prêtres de la Mission substituèrent le pain de seigle au pain de froment et se réduisirent à ne plus boire que de l'eau légèrement rougie avec un vin de la pire espèce. Sublime abnégation que peut seule inspirer la charité catholique et que n'imiteront jamais ses aveugles détracteurs.

La Picardie, la Champagne et la Brie éprouvèrent, à leur tour, les heureux effets de son inépuisable charité. Dieu a travaillé sur le néant, et de rien, il a fait toutes choses. Vincent de Paul est dépourvu de toutes les ressources de la richesse ; il n'a rien, absolument rien, et il donne sans cesse. N'est-ce point là comme la suite ou la merveilleuse reproduction de ce prodige accompli au désert par notre adorable Sauveur qui, par deux fois, nourrit, avec quelques pains, une foule innombrable de pieux Israélites accourus sur ses pas, pour recueillir de sa bouche sacrée les célestes enseignements qu'il s'est chargé de faire entendre aux enfants des hommes.

Il fait voir au monde tout ce qu'il y a de profonde vérité enfermée dans ces paroles du grand pape saint Léon : « Ne craignez point que les ressources vous manquent dans l'exercice de la charité, puisque la miséricorde elle-même est un grand fonds, et vous aurez toujours de quoi donner, parce que c'est Jésus-Christ qui nourrit et qui est alimenté. Dans la pratique de l'aumône, la main qui donne le pain à l'indigent l'augmente et elle le multiplie en le distribuant (1). »

La France est enfermée dans de trop étroites frontières pour l'infatigable charité de Vincent de Paul, il tend encore une main secourable et toujours pleine de bienfaits à la courageuse Pologne déchirée par la guerre et désolée par la famine. Héroïque Pologne, tu frémis aujourd'hui sous un sceptre de fer ; mais tu gardes ta foi au prix des plus douloureux martyres,

---

(1) Non timeatur in expensis defectio facultatum, quoniam ipsa benignitas magna substantia est; nec potest largitatis deesse materies, ubi Christus pascit et pascitur. In omni hoc opere illa intervenit manus quæ panem frangendo auget et eroganda multiplicat. — S. Leo, Sermo X, Quadragesima.

et le monde est sans pitié pour tes larmes et tes tortures !

Notre apôtre de la charité ne peut oublier non plus la généreuse Irlande persécutée par Cromwell; et là, comme partout ailleurs, sa bienfaisante action se produit avec énergie et triomphe de tous les obstacles.

Ce que saint Bernardin de Sienne et saint Jacques de la Marche avaient fait pour l'Italie, Vincent de Paul le fait pour sa bien-aimée patrie : il dote la France de monts-de-piété où le pauvre peut trouver, sur gages, l'argent dont il a besoin pour se soustraire aux cruelles poursuites d'un créancier impitoyable et cupide, ou pour échapper aux dures étreintes de la misère et de la faim.

Les cris plaintifs des malades pénètrent le cœur de Vincent de Paul d'une tendre compassion, il se sent attiré vers eux ; et s'il ne peut, à l'exemple du divin Maître, les ramener à la santé par une miraculeuse guérison, il veut au moins leur alléger le poids de la douleur et adoucir l'amertume de leurs souffrances. Ainsi, Messieurs, c'est pour eux qu'il fonde successivement, l'*hôpital de la Pitié*, *Bicêtre*, la *Salpêtrière* et l'*asile du Nom-de-Jésus*, en même temps qu'il relève, soutient et dirige l'*Hôtel-Dieu* et l'*Hôpital-Général* qui semblaient menacer ruine.

Que n'aurions-nous pas à vous dire, Messieurs, de cette magnifique institution de vierges pures se dévouant avec amour au soulagement de toutes les souffrances de l'humanité? C'est en faveur des pauvres malades qu'il établit la congrégation des sœurs de la charité si admirablement accrue de nos jours qu'on ne compte plus que par milliers ces pieuses filles de saint Vincent de Paul. Ces anges tutélaires du malheur répandus dans le monde entier, comme la charité de leur saint fondateur, continuent et perpétuent sur la terre le règne de la plus miséricordieuse bienfaisance et de la plus sublime abnégation.

Viennent ces jours de deuil et de mort où nos provinces et nos populeuses cités sont visitées par les maladies pestilentielles et contagieuses, ou décimées par des luttes fratricides et sanglantes, qui donc affronte tous les périls et la mort même avec le calme et l'impassibilité du héros familiarisé avec les plus vives émotions du champ de bataille? C'est la sœur de charité.

Quand, sur le rapport d'un navigateur ou d'un intrépide touriste, les feuilles publiques annoncent qu'une terre lointaine recèle, dans ses entrailles, d'immenses trésors, les enfants du siècle y accourent de tous les points du globe. Mais si l'on apprend que la peste ou tout autre fléau dévastateur dévore les habitants abandonnés, délaissés, d'une contrée jusque-là inconnue, c'est la fille de saint Vincent de Paul qui s'y rend en toute hâte sans se préoccuper jamais du sort que lui réserve la divine Providence sur ces plages inhospitalières et ignorées.

Elle y vient sans se soucier de la fureur des flots fréquemment soulevés par la tempête; elle se résigne avec joie à un exil volontaire où peut-être elle consommera sa course, loin de ses proches et de son bien-aimé pays. Comme il n'est aucune terre qui ne soit arrosée de larmes, il n'en est aucune non plus qui lui soit indifférente. A l'exemple de l'apôtre, la fille de saint Vincent de Paul se met à la recherche de l'infortune sous quelque forme et sous quelque climat qu'elle se produise : elle la poursuit à travers les forêts, jusqu'au fond des déserts, parmi les tribus les plus barbares.

Au temps où vivait notre glorieux serviteur de Dieu, une plaie hideuse rongeait la société parisienne, et ternissait singulièrement l'éclat de cette superbe cité que, dans leur aveugle délire, les philosophes du siècle suivant devaient acclamer comme la capitale du monde civilisé. Chaque année près de dix mille enfants, fruits du libertinage et de l'impiété, exposés aux portes des églises, ou sur les places publiques, mouraient de faim et de froid. D'autres étaient vendus ou donnés à quiconque voulait les prendre, ainsi que cela se pratique encore de nos jours dans toute l'étendue de l'empire chinois.

Vincent de Paul ne put supporter longtemps ce

navrant spectacle, et sans se laisser arrêter par les difficultés de l'exécution, il conçut le dessein d'arracher ces innocentes victimes à la corruption et à la mort dont elles étaient menacées. Se mettant aussitôt à l'œuvre, il fit construire l'hospice des Enfants-Trouvés et put les entretenir grâce aux largesses d'Anne d'Autriche et des femmes du monde profondément émues par les paroles et les larmes du glorieux serviteur de Dieu.

Il y eut néanmoins, Messieurs, un moment d'hésitation et de découragement ; les œuvres de miséricorde se multipliaient sans cesse sous la main de Vincent de Paul, les charges étaient lourdes, les temps difficiles et mauvais, rien ne peut ébranler la confiance de l'apôtre de la charité, il provoque une assemblée générale des dames patronnesses de cette grande œuvre, la reine est présente, et il leur tient ce langage sublime que la céleste dilection pouvait seule inspirer :

« Or sus, Mesdames, leur disait-il, la compassion et la charité vous ont fait adopter ces petites créatures pour vos enfants. Vous avez été leurs mères selon la grâce, depuis que leurs mères selon la nature les ont abandonnées ; voyez maintenant si vous voulez aussi les abandonner. Cessez d'être leurs mères pour devenir leurs juges ; leur vie et leur mort sont entre vos mains ; je m'en vais prendre les voix et les suffrages ; il est temps de prononcer leur arrêt et de savoir si vous ne voulez plus avoir de miséricorde pour eux. Ils vivront, si vous continuez d'en prendre un charitable soin, et, au contraire, ils mourront et périront infailliblement si vous les abandonnez ; l'expérience ne vous permet pas d'en douter. » L'assemblée ne répondit que par des larmes à cet émouvant discours, et le sort de ces malheureux enfants fut désormais assuré.

Voulant remédier à la profonde ignorance où vivaient les enfants des pauvres, Vincent de Paul ouvrit des écoles publiques tenues par les sœurs de la charité, où une foule de jeunes filles venaient puiser la science sacrée de la religion, en même temps qu'on les initiait à la connaissance de la lecture et de l'écriture. Telle a été, au surplus, dans tous les temps, la conduite de la sainte Église catholique ; quoi qu'en aient dit les injustes détracteurs, elle a combattu l'ignorance comme une des plaies vives du monde social, et s'est efforcée de faire pénétrer dans les esprits les connaissances les plus propres à diriger l'homme dans les voies de la justice.

Ce n'était point, il est vrai, cette science superbe qu'exaltait auprès de nos premiers parents le père du mensonge et qui entraîne l'homme à s'élever au-dessus de Dieu. Non, ce n'était point encore le temps où un des maîtres du beau savoir eût osé dire : *La*

science a sacré l'homme roi de la création matérielle (1).
Nos pères étaient plus croyants et plus instruits; ils savaient que la royauté de l'homme ici-bas avait une source toute divine : *Vous l'avez couronné de gloire et d'honneur, ô mon Dieu, et vous l'avez établi roi sur toutes les merveilles de la création* (2).

La sollicitude de l'apôtre de la charité s'étendait jusqu'aux forçats enfermés dans les bagnes ; il alla visiter ceux de Marseille et fonda pour eux un somptueux hôpital au sein de cette opulente cité. Son incomparable douceur triompha de ces cœurs flétris par le crime ; il les soumit autant par la force de la résignation chrétienne que par les adoucissements apportés à leur sort.

Les heureux résultats qu'il obtint sont pour tous les siècles à venir la preuve sensible qu'une société organisée selon les principes chrétiens, frapperait le crime, non pour perdre l'homme, mais pour le ramener à la vertu. Vincent de Paul trouva le secret de concilier les droits de la société offensée, menacée dans son repos, dans ses intérêts, avec les droits de l'humanité souffrante qui demande miséricorde et pardon.

Une pensée profonde n'est jamais en vain jetée

---

(1) M. Duruy, ministre de l'Instruction publique.
(2) Gloria et honore coronasti eum et constituisti eum super opera manuum tuarum. Ps. VIII, v. 6.

dans le monde : on a semblé comprendre ce qu'il y a de défectueux dans le système pénitentiaire pratiqué jusqu'à nos jours ; peut-être sommes-nous réservés à y voir introduire bientôt de notables améliorations, en même temps qu'on y fera pénétrer une somme plus considérable de l'élément chrétien.

Sont-ils plus intelligents des besoins et du bonheur de l'homme, ces rêveurs humanitaires qui ont défendu au pauvre d'aller solliciter à la porte du riche le pain de l'aumône et la parole qui console et fortifie ? Messieurs, ces hommes, aveuglés par la haine et par de vieilles rancunes contre Dieu et son œuvre, se sont faits les partisans et les fauteurs des systèmes les plus compromettants pour l'avenir du monde social. Après avoir créé d'immenses besoins, éveillé toutes les convoitises, et ravi au malheureux sa foi, source de toute consolation, ils ont planté, aux abords de nos cités, d'énormes poteaux sur lesquels ils ont gravé, en lettres majuscules, cet arrêt de désespoir et de mort pour l'infortuné en proie aux angoisses de la faim : *La mendicité est interdite dans cette commune.*

Ce serait un bien sans doute de pourvoir aux besoins des pauvres sans qu'ils eussent recours à la mendicité, mais il faudrait alors en revenir au plan de Vincent de Paul : « Qu'on recueille, dit-il, tous les pauvres en des lieux convenablement disposés pour les entretenir, les instruire et les occuper. Mais encore je ne voudrais prendre que ceux qui viendraient de leur bon gré sans en contraindre aucun. Pour les récalcitrants, ou ils se laisseraient entrainer par l'exemple des premiers, ou la Providence les pourvoierait miséricordieusement du nécessaire.

Effrayée de tout ce qui lui rappelle Dieu, l'éternité et le néant de l'homme, l'impiété a éloigné de nos villes le cimetière dont la vue pouvait éveiller de salutaires remords dans les âmes. De son côté, l'orgueil humain n'a pu supporter la vue du pauvre couvert de misérables haillons parce qu'il lui rappelait ce qu'il doit de reconnaissance à Dieu pour tous les biens dont il l'a comblé. O homme, tu prétends t'élever et grandir à l'égal de Dieu et bientôt tu retomberas sous le poids de ton propre néant !

Se sont-ils montrés plus compatissants que notre saint aux souffrances de notre nature, ceux qui ont hérissé de difficultés souvent insurmontables l'entrée des malades dans les hôpitaux ? Ont-ils fait preuve de plus de discernement et de sagesse en réclamant la suppression des tours et en promettant des primes aux filles-mères qui consentiraient à garder leurs propres enfants ? N'est-ce point là un déplorable encouragement accordé au vice et au désordre ? Sont-ils enfin plus amis du progrès, ces hommes dédaigneux et vains qui ont essayé et s'efforcent encore d'arracher l'enseignement de l'enfance aux mains de la religion pour lui dispenser sans contrôle et sans mesure le poison subtil de l'indifférentisme et de l'impiété?

Fiers et superbes, égoïstes, impitoyables, livrés aux abjectes jouissances de la sensualité, tous ces hommes énervés et amollis ont voulu éloigner de leurs regards le spectacle toujours émouvant et pénible de l'indigence et des infirmités humaines. Mais en même temps, pour la satisfaction de leur vanité, ils se sont arrogé la dispensation tyrannique des consolations et des secours accordés aux malades. Et pour cela, ils se sont emparés des riches domaines que la sainte Église catholique tenait de l'amour et de la munificence de ses enfants et dont l'avait indignement spoliée la révolution du XVIIIe siècle.

Ils ont exalté dans leurs écrits l'ardente charité de Vincent de Paul et ils ont prétendu le transformer en un moderne philanthrope formé à l'école des docteurs humanitaires. Pauvres insensés, ils ont beau faire, ils ne terniront jamais par leurs louanges hypocrites pas plus que par leurs superbes dédains la gloire si pure de ce vrai disciple de l'Évangile. Il s'est élevé, en effet, au-dessus de tout ce que l'esprit humain aurait pu concevoir de plus héroïque dans la pratique de la charité, puisque, non content de venir en aide à toutes les souffrances humaines, il s'est encore efforcé d'en tarir la source. C'est ce que nous allons examiner dans la seconde partie.

SECONDE PARTIE.

La révolte de l'homme contre Dieu est la cause première de toutes les douleurs dont est affligée notre nature ; or, en cherchant à nous rendre moins amères les funestes conséquences de cette coupable rébellion, Vincent de Paul s'efforça de triompher de la cause même de la souffrance en anéantissant le règne du mal dans le cœur de l'homme.

Pour atteindre ce but et détruire plus efficacement le péché dans les âmes, Vincent de Paul réunit autour de lui quelques prêtres instruits, pieux et zélés ; il donna plus tard de sages constitutions à ces disciples généreux qui s'étaient groupés autour de lui, et ils prirent le titre de Prêtres de la Mission.

Qu'il est beau, Messieurs, de contempler à son berceau cette pieuse institution si célèbre depuis par les innombrables services qu'elle a rendus à l'Eglise et à l'humanité ! O providence de mon Dieu, que vous êtes admirable lorsque vous choisissez ce qu'il y a de plus faible pour confondre ce qu'il y a de plus fort !

Seul d'abord, le saint instituteur s'adjoint un second, puis un troisième prêtre ; il parcourt les villages, il catéchise, il presse, il exhorte, il gagne tous les cœurs, la moisson devient abondante et rappelle la pêche miraculeuse de Simon-Pierre. Voulez-vous avoir une faible idée des merveilles opérées par les vaillants disciples de l'apôtre de la charité, permettez-moi, Messieurs, de vous rappeler le précieux hommage que leur rendait en 1643 Mgr du Perron, évêque d'Angoulême, en lui écrivant au sujet de ses conférences de Paris : « Il est de mon devoir de vous témoigner la vive reconnaissance que j'ai du grand fruit que reçoit ce diocèse de la charité que vous nous avez faite de nous donner de vos ouvriers. Ma consolation pourtant sera toujours imparfaite, Monsieur, jusqu'à ce que vous ayez comblé ce bonheur qui n'est que passager d'une mission stable et permanente dans ce diocèse, qui en a beaucoup plus besoin que les autres. »

Les ouvriers évangéliques se multiplient avec les travaux. Remplis de l'esprit de Vincent de Paul, ils rétablissent la piété parmi les peuples. La Bretagne, la Normandie, la Champagne, la Guienne, la Saintonge, l'Angoumois, le Poitou, la Touraine et le Languedoc deviennent tour à tour le théâtre de leurs travaux et de leurs succès. Ces hommes de Dieu prêchent partout une sainte liberté, et partout ils recueillent une abondante moisson, à la cour, à l'armée, dans les villes et les campagnes.

Pendant que le plus grand nombre des enfants de Vincent de Paul se dévoue à la conquête des âmes, d'autres, Messieurs, s'enferment dans les séminaires pour former à la science sacrée et aux redoutables fonctions du ministère ecclésiastique les jeunes élèves du sanctuaire. Initiés au sacerdoce et rangés sous la houlette épiscopale, ils iront bientôt dans les paroisses répandre le bienfaisant parfum des vertus dont ils se sont enrichis sous la sage direction de leurs vénérables maîtres.

De nos jours encore, les Prêtres de la Mission remplissent au milieu de nous ces glorieuses fonctions, et se livrent avec un zèle infatigable aux rudes labeurs de l'enseignement théologique, pour donner à notre France bien-aimée un clergé aussi recommandable par ses vertus que par son savoir.

Effrayés et consternés même des triomphes sans cesse renouvelés de la sainte Église romaine, dont la séve puissante se répandant aux extrémités du monde donne à nos croyances un air de jeunesse et de force qui semble défier toutes les puissances de l'enfer, les réformateurs modernes travaillent avec une impitoyable ardeur à la ruine et au renversement de l'œuvre de Jésus-Christ. Hélas! ils ont, eux aussi, leurs apôtres, leurs émissaires; ils exploitent la malice des uns, la sottise des autres pour répandre en tous lieux l'impiété et la corruption. Ils veulent inspirer aux enfants de Dieu le mépris de sa loi, et la plus injuste défiance vis-à-vis de leur mère la sainte Église catholique.

Ils cherchent à corrompre les bonnes mœurs au moyen des mauvais livres qu'ils répandent avec une effroyable profusion. Avec le secours des estaminets, des cercles et des divertissements profanes, il s'efforcent d'anéantir dans tous les cœurs l'amour de la famille et le respect de l'autorité paternelle. Ils traînent dans la boue le sacerdoce catholique, et, par les plus odieuses calomnies, ils voudraient attirer sur lui les mépris et la haine des peuples. Ils n'épargnent pour cela ni les plus coupables diatribes, ni les plus injustes accusations; et parce que dans la suite des temps il s'est rencontré dans les rangs de la milice sacrée quelques prêtres prévaricateurs, ils les enveloppent tous dans un égal anathème, et les désignent à la colère et à la vengeance des populations trompées ou perverties. Ouvriers d'iniquité, ils travaillent dans l'ombre, minent sourdement l'édifice social, et pourtant ils se posent, aux regards du monde ébahi, comme les seuls amis du peuple, et les seuls défenseurs de ses intérêts et de sa dignité.

Au seizième et au dix-septième siècle, le protestantisme et plusieurs autres erreurs tentèrent d'incroyables efforts pour s'implanter sur le sol de la France, et le champ du père de famille y fut bientôt envahi par une foule de plantes parasites qui menaçaient la foi des justes et faisaient chanceler les âmes faibles et hésitantes. Vincent de Paul s'appliqua à combattre toutes les erreurs et voulut ramener dans les droits sentiers de la vérité tous les partisans, avoués ou secrets, de l'hérésie.

C'est à ce moment et à ce dessein qu'on le vit établir, à Paris, les conférences ecclésiastiques où se montrèrent assidus les hommes les plus éminents du clergé. Serait-il besoin de nommer les Du Perron, les Perrocheau, les Du Pavillon, les Godeau et les Ollier? Ce fut dans ces pieuses réunions que se formèrent de courageux et savants défenseurs de la vérité catholique. On y traitait des devoirs de la vie cléricale, des plus hautes questions de la théologie; l'esprit et le cœur y trouvaient un aliment substantiel bien propre à développer dans ces grandes âmes l'amour de la science et les plus admirables vertus.

Comprenez-vous, Messieurs, tout ce qu'il y avait de vaste et de noble dans les vues de notre saint? Il ne s'effrayait d'aucune difficulté, il en triomphait toujours par la prière et par sa confiance illimitée dans la bonté de Dieu. « Laissons faire Notre-Seigneur, disait-il, c'est son ouvrage, et comme il lui a plu le commencer, tenons pour assuré qu'il l'achèvera, en la manière qui lui sera la plus agréable. » En d'autres circonstances il encourageait les fervents disciples en leur disant : « Ayez bon courage, confiez-vous en Notre-Seigneur qui sera notre premier et notre second en notre ouvrage commencé à l'entreprise duquel il nous a appelés. »

La France, Messieurs, ne suffisait plus au zèle de Vincent de Paul ; il poursuivit l'erreur tour à tour en

Italie, en Corse, en Piémont, en Irlande et en Pologne. Confiants en la parole de leur saint fondateur, les Prêtres de la Mission, bravant tous les dangers, s'en allaient au fond des plus inaccessibles solitudes, afin de distribuer à tous le pain vivifiant de la vérité. Ils s'appliquaient en toute humilité à instruire les ignorants, à inspirer aux pécheurs des sentiments de pénitence et à établir tous les chrétiens dans cet esprit de charité, de douceur et de simplicité que prescrit l'Évangile. Partout leur parole vive, pénétrante et pleine d'onction annonçait la réconciliation avec Dieu, et faisait revivre dans tous les cœurs la paix et l'union.

A côté de cette merveilleuse propagande de la doctrine catholique, les philosophes économistes ont dressé leurs chaires de pénitence ; mais ils n'ont jamais su saisir le langage de la vérité toujours grave, insinuant, persuasif et empreint de cette bienveillante humilité, de cette mansuétude évangélique qui promet et donne le bonheur. Ardents propagateurs des plus détestables doctrines, ces anges de Satan organisent partout les sociétés secrètes, les conciliabules mystérieux, afin de faire pénétrer plus sûrement, dans tous les degrés de la hiérarchie sociale, le poison de leurs principes subversifs. Partout ils soufflent l'esprit de discorde et de révolte ; au fond de tous les cœurs ils excitent les haines, la jalousie, la soif de la vengeance et le mépris de toute croyance ; ce sont les irréconciliables.

Jetant un regard plein de compassion et de saints désirs vers les terres lointaines où l'idolâtrie était encore toute-puissante, Vincent de Paul aurait voulu sauver ces peuples infortunés assis aux ombres de la mort. Son cœur se brisait à la pensée qu'il ne pouvait aller lui-même apporter la nouvelle du salut au milieu des tribus sauvages. « Ah! misérable que je suis, disait-il quelquefois dans l'ardeur de son zèle, je me suis rendu indigne par mes péchés d'aller rendre service à Dieu parmi les peuples qui ne le connaissent point. »

Des devoirs trop importants le retenaient au milieu des œuvres sans nombre dont il était le guide, le soutien, l'âme et la vie ; mais, résolu de venir en aide aux innombrables enfants de saint Dominique, de saint François d'Assise et de saint Ignace de Loyola, depuis longtemps déjà répandus sur toutes les parties du globe, il établit les missions étrangères dans la maison de Saint-Lazare. Madagascar recueillit le fruit de leurs premiers travaux ; mais Tunis ne fut point oubliée : Tunis, témoin de sa servitude et de sa patience, eut une large part dans la sollicitude de Vincent de Paul.

Ah! Messieurs, ici se révèlent les vives ardeurs de cet apôtre de la charité : conquérir toutes les âmes à la foi et à l'amour du divin crucifié, le faire participer à toutes les joies et aux ineffables consolations de la vie chrétienne, tel était le désir consumant de son âme;

telle était la noble ambition qu'il nourrissait en son cœur.

Nous venons de le dire, l'impiété, elle aussi, a sa propagande active et habilement dirigée ; les sectaires de nos jours travaillent avec une infatigable ardeur à répandre chez tous les peuples le ferment de discorde qu'ils ont inoculé à notre belle France. A ce moment même, l'esprit d'insurrection relève audacieusement la tête et semble menacer le monde social d'un effroyable cataclysme. Entendez le bruit sourd et lointain des nations qui s'agitent, des violentes secousses, des luttes intestines et des guerres atroces qui bientôt peut-être vont ensanglanter notre vieille Europe. Quel sujet de larmes amères et de légitimes regrets pour nous, puisqu'en laissant s'affaiblir parmi nous l'esprit de foi et l'amour de notre religion sainte, nous avons préparé les voies aux perverses doctrines dont le triomphe amènerait la funèbre reproduction des scènes sanglantes et barbares qui déjà une fois ont rempli notre bien-aimée patrie de deuil et de mort.

Pendant que la révolution préparait dans l'ombre le renversement du monde social, l'esprit de saint Vincent de Paul s'est ranimé parmi nous. De jeunes cœurs se sont profondément émus à la vue de nos misères publiques et privées. Quelques étudiants des écoles de la capitale ont échangé entre eux quelques-unes de ces paroles fécondes que la charité chrétienne seule est capable d'inspirer. Cette parole, cette pensée merveilleuse a parcouru la France entière ; elle a sillonné toute l'Europe avec la rapidité de l'étincelle électrique; que dis-je ? elle a fait le tour du monde; et bientôt il y a eu peu de villes qui n'aient tenu à honneur de posséder une conférence de saint Vincent de Paul.

Un long cri d'admiration, de reconnaissance et de bonheur a salué partout les œuvres de dévouement et d'abnégation accomplies par les jeunes hommes enrôlés sous cette glorieuse bannière de la charité. L'enfer a frémi de colère et de rage, et bientôt dans un suprême effort, il a voulu briser les rangs de la phalange sacrée.

Profondément ébranlée par un injuste sentiment de défiance, cette pieuse institution se remet à l'œuvre, et grâce à votre zèle, Messieurs, elle reprendra, espérons-le, sa première splendeur. Qui pourrait dire tout le bien qu'elle a déjà produit parmi nous ? On a vu se renouveler sous sa bienfaisante action tous les prodiges de charité opérés par Vincent de Paul. Les pauvres, les malades, les enfants délaissés, les jeunes ouvriers, les soldats, les prisonniers eux-mêmes ont eu leur part de sollicitude et d'amour.

Bien plus, ces jeunes hommes n'ayant qu'un cœur et qu'une âme, se serrant les uns contre les autres, à l'égal d'un faisceau que rien ne peut rompre, ont généreusement résisté au courant dévastateur des opinions humaines, et ils ont foulé aux pieds toutes les ridicules exigences du respect humain.

Honneur à vous, prêtres vénérables, qui poursuivez, à travers les générations, sans vous décourager jamais, les rudes labeurs de l'enseignement sacré et de l'apostolat catholique !

Honneur à vous, pieuses vierges du Dieu de charité, vous le faites aimer des pauvres et des riches par votre vie d'abnégation et de sublime dévouement !

Honneur à vous, membres généreux des conférences de Saint-Vincent de Paul, puisque, par votre vaillant concours, vous faites pénétrer les consolations de la foi et les espérances de l'avenir au fond des cœurs flétris et abattus par la souffrance et les privations !

Honneur aussi à ce glorieux serviteur de Dieu qui prête à votre œuvre sa protection dans le ciel et l'appui de son nom béni sur la terre !

Un jour, Messieurs, vous pourrez dire tous ensemble avec l'Apôtre : « J'ai combattu un bon combat, ma course est consommée, j'ai conservé la foi, et j'espère dans la couronne de justice dont le Seigneur, juge souverainement équitable, ceindra mon front au jour de ses solennelles assises. »

Que ces belles paroles sont glorieuses et consolantes pour nous ! Quel puissant motif d'encouragement pour des chrétiens fidèles ! Soyons aussi les apôtres et les invisibles défenseurs de la vérité si indignement méconnue et si odieusement conspuée par ses propres enfants dénaturés et ingrats. Montrons-nous constamment les vrais disciples de Vincent de Paul, et la charité de Jésus-Christ sera notre couronne et notre récompense pour tous les siècles des siècles. Ainsi soit-il.

Imprimatur, servatis servandis.
Petrocor. die 22 julii 1869.
Fr. Bruno a Vintia Min. Prov.
Fratr. Min. Cap. Galliæ

Imprimatur, Petrocor. die 25 julii 1869.
Nic. Joseph. Ep. Petroc. et Serlat.

Paris. — Imprimerie de E. Donnaud, rue Cassette, 9.

www.ingramcontent.com/pod-product-compliance
Lightning Source LLC
Chambersburg PA
CBHW060917050426
42453CB00010B/1784